27, 28 ET 29 JUILLET,

TABLEAU ÉPISODIQUE DES TROIS JOURNÉES.

Y1b

Pièces nouvelles.

MONSIEUR DE LA JOBARDIÈRE, ou la révolution impromptu.

STOCKHOLM, FONTAINEBLEAU ET ROME, par M. Alexandre Dumas.

HERNANI, drame, par Victor Hugo, deuxième édit.

UNE FÊTE DE NÉRON, tragédie de MM. Soumet et Belmontet.

LE VIEUX MARI, comédie en trois actes, en vers, de M. Delaville de Mirmont.

UNE JOURNÉE D'ÉLECTION, comédie en trois actes, en vers, de M. Delaville, deuxième édition.

LE MARCHAND DE VENISE, comédie en trois actes et en vers.

DANILOWA, drame lyrique, en trois actes.

ADRIENNE LECOUVREUR, comédie.

L'ADJOINT DANS L'EMBARRAS, comédie.

LA FAMILLE DE L'APOTHICAIRE, ou la petite prude, vaudeville.

L'ÉPÉE, LE BATON ET LE CHAUSSON, vaudeville en quatre tableaux.

BONARDIN DANS LA LUNE, folie.

LA FEMME, LE MARI ET L'AMANT, comédie-vaudeville.

LE MAJORAT, drame en cinq actes et en vers.

LE COMPLOT DE FAMILLE, comédie en cinq actes, par M. Alex. Duval.

LA CZARINE, vaudeville.

PIERRE OU LE COUVREUR, vaudeville en deux actes.

LE CHOIX D'UNE FEMME, vaudeville.

SIR JACK, vaudeville en trois actes.

LE CZAR DÉMÉTRIUS, tragédie.

OUVRAGES NOUVEAUX.

HISTOIRE DE NAPOLÉON, par M. de Saint-Maurice, 4 v. in-12, ornés de 4 beaux portraits; couv. impr.   8 fr.

ALMANACH DES SPECTACLES, pour l'année 1830, 9° vol. de la collection, fort vol. in-18.   4 fr.

CITATEUR DES FABULISTES FRANÇAIS, où Petit Dictionnaire des Maximes, Sentences, Axiomes, etc., etc., joli vol. in-18, 4 beaux portraits.   3 50

ALMANACH PERPÉTUEL DES GOURMANDS, par H. Raisson, in-18, fig.   a

CODE CIVIL, Manuel complet de la politesse, in-18, 7e édit.   1 50

CODE DE LA TOILETTE, in-18, deux belles figures,   1 50

27, 28 ET 29

JUILLET,

TABLEAU ÉPISODIQUE DES TROIS JOURNÉES,

PAR

MM. ÉT. ARAGO ET F. DUVERT,

REPRÉSENTÉ, POUR LA PREMIÈRE FOIS,
A PARIS, SUR LE THÉATRE NATIONAL DU VAUDEVILLE,
LE 17 AOUT 1830.

A PARIS,

CHEZ J.-N. BARBA, PALAIS-ROYAL,

GRANDE-COUR, DERRIÈRE LE THÉATRE FRANÇAIS.

—

1830.

IMPIMERIE DE A. BARBIER,

RUE DES MARAIS G.-G. N. 17.

AUX PARISIENS.

———

    C'est à vous que la France doit la conservation de ses libertés : c'est à vous que nous dédions le tableau bien incomplet de ces belles journées. Quelque décoloré qu'il soit, vous l'accueillerez avec indulgence, en songeant qu'il sera toujours impossible de retracer dignement le grand drame dont vous êtes les héros.

ET. ARAGO, F. DUVERT.

    Quelques critiques nous ont reproché l'amertume de plusieurs traits jetés dans ce tableau; les uns par intérêt pour nous, le plus grand nombre par intérêt pour eux-mêmes. A cela nous ne répondrons qu'un mot : nous avons pensé et nous persistons à croire que ce n'est pas par des politesses qu'on doit répliquer aux terribles argumens de ceux qui furent nos adversaires , et que ce n'est pas trop oser que de répondre par des épigrammes à de la mitraille.

PERSONNAGES.

RAIMOND, tonnelier.   M. FONTENAY.
CAFFARDIN, rentier, congréganiste.   M. LEPEINTRE j°.
ADOLPHE, sergent de l'École polytechnique.   M. PERRIN.
JULIEN, ouvrier imprimeur, fils de Raimond.   M. HIPPOLYTE.
COLOMBON, garçon tonnelier.   M. BERNARD-LÉON.
ATKINSON, Anglais.   M. GUILLEMIN.
PRUNEAU, homme du peuple.   M. ARMAND.
MERLIN, garçon boulanger.   M. ÉMILIEN.
LOUISE, fille de Raimond.   M¹¹ᵉ TRÉNARD.
UN GARDE NATIONAL.   N. PROSPER.
UN JEUNE BOURGEOIS.   M. EMMANUEL.
UN APPRENTI.   Le petit LEPEINTRE.
BOURGEOIS ET OUVRIERS PARISIENS.

27, 28 ET 29

JUILLET,

TABLEAU ÉPISODIQUE DES TROIS JOURNÉES.

PREMIÈRE JOURNÉE.

Le théâtre représente une boutique de tonnelier ; au fond, une porte donnant sur la rue ; à côté, une croisée ; à gauche, une autre porte conduisant dans l'arrière-boutique. Des tonneaux de toutes les grandeurs sont rangés çà et là sur la scène ; on en remarque un plus grand que les autres au premier plan à gauche ; un banc est placé à côté.

SCÈNE PREMIÈRE.

RAIMOND, COLOMBON.

COLOMBON, travaillant.

Père Raimond ? vous avez un air en lisant le journal.

RAIMOND, lisant le Moniteur.

Tu crois ?

COLOMBON.

Sûr et certain. Il y a quelque chose. Je parie ce que vous voudrez que vous êtes vexé ; parions trois francs, qu'est-ce que ça vous fait ?

RAIMOND.

Oui ! je le suis.

COLOMBON.

Ah ! et pourquoi ! voyons ! dites-moi ça, vous savez que

la politique, je la raisonne assez agréablement, qu'est-ce qu'il y a de nouveau? Encore quelque ordonnance de police, pour vexer le pauvre particulier? Hein?

RAIMOND.

Plus que ça. C'est la France entière qui est mise hors la loi.

COLOMBON, quittant son ouvrage.

Hors la loi? quelle horreur! (*Changeant de ton.*) Père Raimond, je ne comprends pas ce que ça veut dire.

RAIMOND, se levant.

AIR : *Ces postillons sont d'une maladresse.*

On veut, mon cher, au peuple le plus brave,
Ravir des droits chèrement achetés;
On veut rendre la France esclave,
Ou enchaine ses libertés.
Braves Français, serons-nous garottés?
Non, non! jamais! j'en ai l'expérience!
Décret fatal! la foudre est dans ton flanc;
Je vois, au bas de l'horrible ordonnance,
Un paraphe de sang!

COLOMBON, prenant le journal.

Ah! voyons donc!... C'te farce! il n'y a rien!... et qui est-ce qui fait tout ça?

RAIMOND.

Les ministres.

COLOMBON.

Vraiment?... mais puisqu'il y a des ordonnances contre les bêtes malfaisantes, pourquoi que le roi les laisse courir les rues sans être muselés? C'est une injustice... oh! j'haïs les préférences, moi. Père Raimond, je ne suis pas un malin, je ne sais pas tirer le pistolet ni l'épée; mais avec ce bâton là, voyez-vous? (*Il prend un grand bâton et fait le moulinet*) je connais mon affaire. Je ne demande que quatre gendarmes pour ma part. Qui de quatre gendarmes en paie quatre, reste rien.

RAIMOND.

Garde ton courage, garde-le, nous en aurons peut-être bientôt besoin.

COLOMBON.

Tant mieux! (*Il chante*): *Mon bras à ma patrie! mon bâton à mon amie...* Ils ont trop vexé la population... tout générale-

ment est victimé... les afficheurs, les journalistes, et le corps
des marchandes de saucisses, dont ma mère est membre. Oui!
cré coquin! Vengeance!

AIR : *J'avais mis mon petit chapeau.*

Vengeons nos papas, nos mamans!
Pour les combats je lâch'rais la futaille!
Ma vieill' mèr', depuis vingt-cinq ans,
Vend des sauciss' sur le quai de l' Ferraille;
Mais v'là Mangin qui n' veut plus qu'ell' travaille,
Si nous triomphions, dès demain
Ell' reprendrait sa poêle et son service ;
Ell' ferait refrir' la saucisse,
Sans qu'un damné préfet d' police
Vienn' lui r'tirer le pain d' la main.

(Il sort par le fond en mettant sa veste sur son épaule.)

SCÈNE II.

RAIMOND, LOUISE, entrant par la porte du fond.

RAIMOND.

Ah! c'est toi, ma Louise : tu n'as pas vu ton frère?

LOUISE.

Non, mon père, où est-il donc allé!

RAIMOND

Il est allé à son imprimerie...

LOUISE.

Oh! il va revenir.... je n'ai pas vu mon frère Julien; mais
j'ai vu Antoine.

RAIMOND.

Quoi! son régiment est ici?

LOUISE.

Ils sont arrivés ce matin de Courbevoie; et il est de service
au poste d'à côté; il tâchera de venir un instant en descen-
dant de garde.

RAIMOND.

Ah! je pourrai donc l'embrasser! il y a si long-temps que
je ne l'ai vu ce pauvre Antoine! deux grands mois!

LOUISE.

Ah! dame! son service... mais qu'est-ce que tu as donc à être triste comme ça...

RAIMOND.

D'abord ; je suis inquiet de Julien, et puis...

LOUISE.

Et puis... quoi?

RAIMOND

Et puis, je viens de lire le journal; je ne suis pas tranquille, ma fille.

LOUISE.

Allons! ça tombe bien, moi qui venais pour t'annoncer la visite de quelqu'un...

RAIMOND.

De qui donc?

LOUISE.

D'un jeune homme que tu ne connais pas.

RAIMOND.

Comment? un jeune homme, et tu le connais, toi?

LOUISE.

Oui, papa... c'est le neveu de notre voisin, M. Caffardin, tu sais, ce M. qui a une pension sur la cassette du roi.

RAIMOND, secouant la tête d'un air de doute.

Une pension? hum!... Et pourquoi connaissez-vous le neveu de M. Caffardin, mademoiselle?

LOUISE.

Oh! ne me fais pas les gros yeux comme ça. Il n'y a pas d'amour là dedans... c'est-à-dire... il y en a bien... mais ce n'est pas pour moi... M. Adolphe aime sa cousine, la nièce de M. Caffardin, tu sais, cette jolie demoiselle pour laquelle je travaille, et qui vient souvent ici pour me commander de l'ouvrage.

RAIMOND.

Eh! bien... que puis-je faire à tout cela?

LOUISE.

Il te le dira lui-même, si tu veux le recevoir... il est là,

RAIMOND.

Il est là?... Entrez, monsieur, entrez... parbleu! que puis-je pour votre service?

SCÈNE III.

LES MÊMES, ADOLPHE.

ADOLPHE. , hésitant.

Monsieur... je n'ai pas l'honneur d'être connu de vous.

RAIMOND.

En effet, mais vous portez un uniforme qui vaut à lui seul les meilleures cautions; que voulez-vous de moi?

ADOLPHE.

On vient de licencier l'Ecole Polytechnique.

RAIMOND.

Licencier l'Ecole Polytechnique? les misérables!

ADOLPHE.

Ma famille est fort loin d'ici : elle habite dans les Pyrénées, je pars demain pour la rejoindre... Mais avant de m'éloigner, j'aurais voulu donner le baiser d'adieu à une cousine qui demeure près d'ici... chez M. Caffardin mon oncle et votre voisin... mademoiselle, je le sais, a accès auprès d'elle, et si vous voulez me le permettre, j'attendrai chez vous que mademoiselle Louise ait pu me procurer l'entrevue que je sollicite; car mon oncle m'a interdit l'entrée de sa maison.

RAIMOND.

Et pourquoi?

ADOLPHE.

Il prétend que mes opinions sont dangereuses.

RAIMOND, avec indignation.

Et il vous laisse sans asile? sans pain peut-être?... son neveu... je l'avais jugé; c'est un homme, moins l'âme et le cœur; c'est un jésuite...

ADOLPHE, souriant.

Oui, monsieur.

RAIMOND.

Si vous ne partez pas demain, monsieur... et si la maison
d'un ancien militaire, maintenant artisan...

ADOLPHE.

Ah! vous me comblez, monsieur... moi qui me croyais sans
amis.

RAIMOND.

Sans amis!...

AIR : *Tendres échos errans dans ces vallons.*

Que dites-vous! quelle outrageante erreur!
Comme un ami, comme un frèr' je vous regarde.
Votre uniform' fait palpiter mon cœur :
Voyez le mien, c'est celui d' la vieill' garde....

(Ouvrant une armoire à porte-manteau dans laquelle on voit suspendus un habit de sergent-
major chevronnier de la garde-impériale, un briquet et une giberne.)

Nobles habits! paix et fraternité!
De Saint-Chaumont votre pacte est daté.

(Ils s'embrassent et répètent ensemble les deux derniers vers.)

ADOLPHE.

Ah! monsieur, je puis donc compter sur vous?

RAIMOND.

Je ferai plus... je le verrai monsieur votre oncle... Il m'estime, parce que, comme tonnelier, c'est moi qui mets son
vin en bouteilles... j'ai mes entrées dans sa cave, et il sait
que je n'en abuse pas... je vas le repêcher au retour de l'é-
glise... lui, il y est toujours fourré,.. moi j'en pince très-peu...
je travaille... faut que chacun vive de son industrie.

AIR : *De Turenne.*

Un artisan ne fait pas tant d' grimace.
De la r'ligion que d'autres fass'nt métier.
Dieu n'exige pas que l'on passe
Douze heur's par jour à le prier.
L' travail, voilà la prièr' d' l'ouvrier.
Franch'ment, quand j'vois venir un bon apôtre
Qui vers le ciel lèv' toujours son regard,
Je me dis : Il est ou jésuite, ou mouchard,
Si même il n'est pas l'un et l'autre.

LOUISE.

Mon père!... voici précisément monsieur Caffardin...

ADOLPHE.

Eh bien je me retire...

RAIMOND.

Ma fille, fais rafraîchir monsieur....je me charge de l'oncle.

SCÈNE IV.

RAIMOND, CAFFARDIN.

CAFFARDIN, entrant par le fond.

Bonjour, mon excellent voisin!

RAIMOND.

Salut, voisin...

CAFFARDIN.

Savez-vous les nouvelles?

RAIMOND.

Oui, oui, j'ai entendu parler de quelque chose *(à part.)*
Ah! tu viens espionner!

CAFFARDIN.

On dit que notre bon roi vient enfin de se rendre aux vœux
de tous les bons Français?

RAIMOND brusquement.

Il nous rend la charte?

CAFFARDIN.

Au contraire! il l'anéantit, mon bon ami. Pas plus de charte
que dans mon œil.

(Il se frotte les mains.)

RAIMOND.

Ah! ah! et vous êtes content de cela?

CAFFARDIN.

Sans doute... il est temps... il est diablement temps que
tous ces malheureux écrivassiers, avec leur charte, leur liberté, leurs élections, leur égalité, que sais-je? un tas de grands
mots auxquels on ne comprend rien... il est temps que tous
ces gens là se taisent, et s'occupent de leurs affaires particulières.
Les affaires publiques ne regardent que les fonctionnaires;
ils sont payés pour cela : n'est-ce pas, voisin?

RAIMOND.

'Payés par qui?

CAFFARDIN.

Par le roi.

RAIMOND.

Avec quel argent?

CAFFARDIN, ricanant.

Diable de voisin! il est toujours farceur!... toujours farceur, le voisin!

RAIMOND.

Vous avez tort de croire que je veuille rire; la matière est grave...

CAFFARDIN.

Oh! oui, quant à ça, oui; très-grave, très-grave; elle est très-grave, la matière. Je vous demande un peu quelle nécessité il y a que nous ayons tant de journaux. Avant la révolution, il n'y avait que le *Mercure* et la *Gazette* : le *Mercure* pour les charades, la *Gazette* pour nous dire à quelle heure le roi avait chassé et entendu la messe. Cela suffisait; on était content et très-heureux.

RAIMOND, avec indignation.

Et c'est là qu'on veut nous ramener? et 89? ils l'ont donc oublié?

CAFFARDIN.

Bah! il y a si long-temps; on n'y pense plus.

RAIMOND.

Eux, c'est possible; *(avec un geste significatif)* mais nous..

CAFFARDIN.

Tenez, voulez-vous que je vous dise? l'affaire ne souffrira pas la moindre difficulté; nous sommes les plus forts et les plus nombreux...Tout est là, mon bon ami, tout est là.

RAIMOND.

Croyez-vous donc que personne ne songerait à s'armer? Croyez-vous qu'on puisse mettre 30 millions d'hommes en cage?

CAFFARDIN.

Air : *Au temps heureux de la chevalerie.*

Bah! si ce peuple osait prendre les armes,
Malheur à lui! car nous l'accablerions :

N'avons-nous pas des Suisses, des Gendarmes,
De quoi former de nombreux bataillons?
A nos soldats laissant les places nettes,
Vous les verriez, tous ces héros sans peur,
Prendre leur vol devant nos baionnettes,
Comm' des perdreaux à l'aspect du chasseur.

RAIMOND.

Que dites-vous? quelle est votre folie?
Un tel espoir pourrait vous égarer!
Un peuple entier, alors qu'on l'humilie,
C'est au lion qu'il faut le comparer...
Long-temps, peut-être, il supporte l'injure;
Mais qu'un seul trait vienne effleurer son cœur,
S'il voit le sang couler de sa blessure,
Il se retourne et dévor' le chasseur.

CAFFARDIN.

Oh! que nous ne craignons rien!...

RAIMOND.

Mais écoutez! ne parlons pas politique; nous ne pourrions pas nous entendre. J'ai à vous entretenir d'une chose qui vous touche de plus près.

CAFFARDIN.

Qu'est-ce donc?

RAIMOND.

Vous savez qu'on a fermé l'Ecole polytechnique?

CAFFARDIN.

Oui! et on a bien fait....

RAIMOND.

Mais beaucoup de ces jeunes gens qu'on a renvoyés n'ont pas leur famille à Paris.... N'en connaissez-vous aucun?

CAFFARDIN.

Si fait..., un mauvais sujet qui est de ma famille, et que je ne veux pas voir.

RAIMOND.

Il est de votre famille, et vous lui refusez un asile!

CAFFARDIN.

Voulez-vous que je me compromette?

RAIMOND.

En quoi?

CAFFARDIN.

Que j'accueille chez moi un jeune homme qui a sucé le lait de la révolution? un libéral, un.... Il est mon neveu, c'est vrai; mais je ne connais pas de famille quand mes parens ne pensent pas comme moi. Non, non, j'en ai fait le serment, rien ne peut ébranler mon immuable volonté.

RAIMOND, à part.

O jésuites! vous voilà bien.

(On entend un bruit confus de voix dans la rue.)

CAFFARDIN, d'un air inquiet.

Mais qu'est-ce qu'on entend donc là?

RAIMOND, allant à la fenêtre.

Je ne sais pas... Il y a un mouvement dans la rue.

CAFFARDIN.

En effet... qu'est-ce que ça peut être?

RAIMOND, avec intention.

Je crois que c'est l'immuable volonté qui commence à produire son effet.

CAFFARDIN, tremblant.

Ah! mon Dieu!

RAIMOND, se frottant les mains.

Ah! ah! nous allons voir... (il regarde Caffardin d'un air de pitié.) Voilà mes belliqueux .... Ne tremblez donc pas comme ça...

CAFFARDIN.

Je voudrais rentrer chez moi.

RAIMOND, lui saisissant le bras avec force.

Allons donc! il n'y a que les lâches qui se cachent quand ils ont sonné la charge.

(Un nouveau bruit, plus rapproché que le premier, se fait entendre dans la rue; on distingue la voix de Julien qui crie plusieurs fois : Mon père! avant de paraître.)

SCÈNE V.

LES MÊMES; JULIEN, entrant par le fond.

JULIEN.

Mon père!

RAIMOND.

Mon Julien! eh bien! quoi de nouveau?

JULIEN.

Tout, mon père, tout! vous n'avez jamais vu chose pareille.

RAIMOND.

Parle; explique-toi.

CAFFARDIN, à part et tremblant.

Je crois que je ferai bien de rentrer chez moi.

(Il sort en cachette, tandis que Louise et Adolphe rentrent.)

SCÈNE VI.

RAIMOND, ADOLPHE, LOUISE, JULIEN.

LOUISE.

Qu'y a-t-il donc, mon Dieu?

AIR. *Merveilleuse dans ses vertus.*

Ah! mon pèr' quel événement!
On prépare une tragédie;
Ils ont allumé l'incendie!
Qui pourra l'éteindre à présent?
   La lectur' de l'ordonnance
   A soulevé tous les cœurs!
   Par bonheur, la noble France
   Ne manqu' pas de défenseurs!
L'National et l'Temps à la fois,
   L'Figaro, leur auxiliaire,
Ont aux sabres de l'arbitraire
   Opposé l'bouclier des lois.
   Chaque feuille courageuse,
   Par un serment solennel,
   A d'un' nation généreuse

2

Proclamé l'droit éternel!
Mais, toi! vil' Gazette du soir;
Toi, Quotidien'! journal des traîtres!
Vous reniez déjà vos maîtres ,
Lâches sicaires du pouvoir!
   Dans c'moment un long murmure
   Accueill' le nouvel édit!
   Et frémissant d'son injure,
   Oui, chaqu' Parisien se dit:
En vain l'despotisme voudra
Qu'son étendard de sang se lève!
C'est l'enfant jouant avec un glaive:
Bientôt lui-même il se tuera.
   L'artisan quitt' son ouvrage;
   L'villageois désert' son champ:
   Paris n'offre plus l'image
   Qu' d'un' plac' de guerre ou d'un camp.
On s'agite, et de toutes parts
Voyez ces bandes accourues ;
Voyez-les déparer les rues
Pour former de nouveaux remparts.
   A ce beau nom de patrie,
   Chacun s'arme, chacun sort;
   Le fer mêm' de l'industrie
   Forme un instrument de mort.
De l'espoir d'un affreux succès
On dit que nos enn'mis sont bien aises;
On dit que des balles françaises
Doivent percer des cœurs français,
   Au milieu de tant d'alarmes,
   Moi, j' ne r'ssens aucun effroi.
   Ici, j' viens chercher des armes!
   Au nom du ciel! armez-moi!
Si je péris dans ces combats,
Eh bien! j'aurai payé ma dette.
A la France il rest' Lafayette :
La liberté n' périra pas!

ENSEMBLE.

RAIMOND, allant vers l'armoire.

Tiens, mon fils, tiens, vole aux combats;
Au pays va payer ta dette:
A la Franc' il rest' Lafayette,
La liberté n' périra pas.

ADOLPHE, tirant son épée.

Je vais vous guider aux combats;

Je veux aussi payer ma dette :
Sous le drapeau de Lafayette
La liberté ne périt pas.

LOUISE, avec effroi.

Ah! grand dieu! quels tristes combats!
Quel affreux carnage s'apprête!
La foudre gronde sur la tête
Des citoyens et des soldats.

RAIMOND, lui donnant un fusil et une giberne.

Tiens, garçon! voilà mon fusil!.. il n'avait jamais servi que
contre l'étranger! et maintenant... ils l'ont voulu!.. moi, j'ai
assez de mon briquet; je verrai l'ennemi de plus près...
Adieu! adieu! ma Louise...

LOUISE, pleurant.

Mon père! Julien!...

SCÈNE VII.

Les mêmes, HOMMES du PEUPLE.

PLUSIEURS HOMMES, dans le fond.

Aux barricades! aux barricades!

RAIMOND.

Qu'on emporte tout ce qui est ici... mon bois, mes planches, mes tonneaux... moi je cours au-devant du danger!..

LOUISE, le retenant.

Mon père!

(Les hommes emportent les planches et les tonneaux, à l'exception d'un baril qui reste
à droite et du grand tonneau qui est à gauche; pendant ce mouvement, Raimond a
passé une veste de velours bleu sur laquelle on remarque la croix d'honneur, et
Julien a chargé son fusil; Louise, éplorée, cherche à retenir son père; celui-ci hésite
un instant à se séparer de sa fille; puis il fait un mouvement de résignation.)

AIR : *Du magistrat irréprochable.*

Non! il le faut, la voix de la patrie
Nous appell' tous à de sanglans exploits.
Embrassons-nous, ô ma fille chérie!

(A part.)

Peut-être, c'est pour la dernière fois!

(Haut.)

Embrassons-nous, embrassons-nous tous trois....

*(Raimond, Julien et Louise tombent dans les bras l'un de l'autre. Raimond cherch,
à contenir son émotion, se dégage des bras de ses enfans, et dit à part :)*

Ah! dans ce combat sacrilège,
Si nous tombons sous des coups assassins,
O mon pays! ô mon pays! protége
Les veuves et les orphelins!

(Raimond, Adolphe et Julien sortent. On entend battre la charge.)

SCÈNE VIII.

LOUISE, puis CAFFARDIN.

Mon père! mon père! Julien!.. ah! je ne leur survivrai pas.

CAFFARDIN, *effaré.*

Impossible de rentrer chez moi! je m'exposerais!

LOUISE, *sans voir CAFFARDIN.*

Dieu! les voilà dans la rue! que vois-je?..... la garde
royale charge ses armes... le régiment de mon frère!.. Arrêtez!... arrêtez!...

*(On entend une décharge de mousqueterie et les cris des blessés, plusieurs hommes
du peuple traversent le fond, et font feu en se repliant.)*

CAFFARDIN.

Silence! ce sont nos défenseurs...

LOUISE.

Misérables! et pourquoi ne vous défendez-vous pas vous-
mêmes?

CAFFARDIN.

J'ai horreur des armes à feu...

LOUISE, *avec amertume.*

Ah! oui! votre arme, à vous, c'est le poignard. *(On entend
des coups de feu.)* Grand Dieu!..

*(Elle court à la fenêtre : pendant ce temps là , Caffardin se cache dans
le tonneau et replace le fond sur sa tête, comme un couvercle.)*

SCÈNE IX.

LOUISE, CAFFARDIN caché, PRUNEAU, MERLIN. HOMMES du PEUPLE.

PRUNEAU, un gros bâton à la main.

Des barricades, des barricades! ça va bien! n'ayez pas peur!.. Enfoncés la garde-royale et les Suisses.

(Ils emportent le tonneau en criant : Vive la liberté! à bas les jésuites! On entend des feux de rang, des cris à l'extérieur. L'orchestre exécute le Pas redoublé pendant toute cette scène. Ils sortent tous en criant : A bas les jésuites!)]

SCÈNE X.

LOUISE, RAIMOND, JULIEN, apporté sur des fusils par des hommes du peuple.

LOUISE, se précipitant sur le corps de son frère en sanglotant.

Julien!.. Julien!.. tu es blessé!

RAIMOND, d'une voix altérée.

Ma fille, il s'est conduit en bon Français... il va mourir, il va mourir en brave, mais il sera vengé!..

LOUISE.

Mourir!!.. lui?..

RAIMOND.

AIR : *Faut l'oublier.*

Pauvre Julien, tu perds la vie!
Ton vieux père est bien malheureux !

LOUISE.

Julien! Julien! ouvre les yeux !
C'est moi, c'est moi, ta sœur chérie !

RAIMOND.

Va! ce sabre sera trempé
Dans le sang de ton adversaire.

JULIEN, d'une voix faible.

Un faux honneur l'aura trompé.

Ah ! ne me vengez pas, mon père !
C'est mon frère qui m'a frappé !

RAIMOND, avec horreur.

Ton frère !

JULIEN.

Il était dans le peloton qui a fait feu sur nous... pourvu
qu'il ne soit pas blessé!.. Je voudrais l'embrasser encore...

RAIMOND.

Infâmes jésuites! hommes de sang et de larmes! voyez ce
que vous avez fait!..

(On entend des coups de feu et des cris à l'extérieur.)

CHŒUR DE PEUPLE.

AIR : *De l'orage*, *du* Barbier.

Ciel ! entendez-vous (*bis*) les fusillades ?
Ah ! courons venger (*bis*) nos camarades.
Amis, courons (*bis*) aux barricades !
Qu'ils soient punis
Nos ennemis !

(Tout le monde sort; on emporte Julien dans la chambre voisine.)

FIN DE LA PREMIÈRE JOURNÉE.

(Pendant l'entr'acte , plusieurs hommes viennent tirailler, et se replient après avoir
fait feu. L'un d'eux après avoir lâché son coup, fait un signe à l'apprenti qui le suit.
Celui-ci entre dans la coulisse , en marchant à quatre pattes, et rapporte , en la trai-
nant, la giberne d'un Suisse.)

DEUXIÈME JOURNÉE.

Le théâtre représente une rue. A gauche du spectateur, une maison sur la porte de laquelle on lit : Magasins de curiosités et d'antiquités.

SCÈNE PREMIÈRE.

PRUNEAU, HOMMES DU PEUPLE.

CHŒUR.

AIR *De l'Enfant du régiment.*

Troup' mercenair', qu'nous payons à grands frais,
Gare à toi si tu bouges;
Tirons sur les habits rouges:
N'y en a pas un qui soit Français.

PRUNEAU.

Nos balles leur sont destinées,
Puisqu' ces Suiss's nous pouss'nt à bout;
Avançons de douze journées
L'anniversair' du dix août.

CHŒUR.

Troup' mercenair', etc.
En avant! marchons!
Prenons
Leurs canons,
Malgré l'feu de leurs bataillons!

(Ils sortent tous par la droite.)

SCÈNE II.

SIR ATKINSON.

(Il porte un fusil, des pistolets et un sac de nuit.)

Bon Dieu! où est-ce que je suis? Je débarque tout de suite à
Paris, le ville le plus policée de l'univers, et je trouve pas
le tranquillité dans le rue. Je crois que c'était un jour d'élection... Le population était dans le grand mouvement.... Mon
cochman m'avait planté... Je pouvais plus trouver le hôtel
Meurice pour reposer moi.

UN HOMME, *passant dans le fond.*

Aux armes! Vive la Charte!

ATKINSON, *l'arrêtant.*

L'hôtel Meurice?

UN HOMME, *sans l'écouter.*

Bravo! voici un brave citoyen! il est déjà armé.

(Il disparaît.)

ATKINSON.

Je comprends pas du tout.

PRUNEAU.

Aux armes!

ATKINSON, *l'arrêtant.*

L'hôtel Meurice?

PRUNEAU.

Il y a des armes à l'hôtel Meurice? *(Il crie.)* A l'hôtel
Meurice! à l'hôtel Meurice!

(Les hommes du peuple traversent le théâtre en criant : A l'hôtel Meurice!)

ATKINSON.

Je comprends pas du tout.

SCÈNE III.

ATKINSON, RAIMOND.

RAIMOND.

Enfans! ne vous laissez pas intimider par ces gens-là... Je vais vous faire donner des armes... Je connais ici un brave homme qui ne vous en laissera pas manquer. Faites bonne contenance.

ATKINSON.

Ah! je voyais enfin un homme qui paraissait plus raisonnable.

RAIMOND, allant à la porte.

Holà! hé! l'ancien!... Ouvre-nous ta porte! Il nous faut des armes!

ATKINSON.

Monsieur le Français!

RAIMOND.

Que me voulez-vous? Ah! je vois que vous êtes un digne Anglais, vous êtes armé, vous venez pour défendre la cause de la liberté.

ATKINSON.

Oh! j'étais armé malgré moi, je vais vous dire : je arrivais tout-à-l'heure par la barrière de Saint-Denis... j'étais dans mon joli calèche avec trois chevaux... mais je pouvais plus passer par les pavés et les planches qui étaient bâtis dans le chemin.... alors, le postillon il emporte les chevaux, et il me laissait dans une calèche, toute seule dedans... et puis les hommes ils sont venus qui ont couché mon jolie calèche dans le barricade, avec les roues en l'air, et moi j'ai pris mes pistolets, mon portefeuille avec mon bourse pour aller à l'hôtel Meurice avec mes pieds. L'hôtel Meurice, s'il vous plait?

RAIMOND.

Oh! vous ne pouvez pas y arriver maintenant, ça chauffe dans ce quartier-là. Venez avec moi, aidez-moi à transporter des armes.... Voilà mon ami qui m'ouvre sa porte... Camarades! par ici! par ici! voilà des armes! Vive la liberté!

(Raimond et Atkinson entrent dans la maison.)

SCÈNE IV.

LES MÊMES, CHŒUR, PRUNEAU, MERLIN.

PRUNEAU, un gros bâton à la main.

Non! pas de fusil à moi! je connais que mon bâton, ça me suffit, je ne me bats qu'à l'arme blanche. Camarades! regardez bien la manœuvre.

(Il fait le moulinet avec son bâton)

AIR : *Tape, frappe.*

Les enn'mis n'auront pas beau jeu!
Ma badin' vaut une arme à feu!
Pour batt' les habits écarlate,
Un bâton, j'm'en flatte,
Jamais ça ne rate;
Ça n'a pas besoin d'chien,
Et ça touche très-bien.
Tapé, paré,
Et sans dire gare,
Brav' faubourien,
Tape, et n'crains rien!

Les Suiss' vienn' (an' supposition),
Mais vous n'avez plus d'munition :
Il faut pourtant bien se défendre.
Alors, sans attendre,
V'là comme il faut prendre
Vot' fusil par l'canon,

(Il prend un fusil.)

En guise de bâton.
Tape, pare!
Et sans dire : Gare,
Brav' faubourien,
Tapé, et n'crains rien!

TOUS.

Tape, pare! etc.

SCÈNE V.

LES MÊMES; RAIMOND, apportant des armes; **ATKINSON,**
apportant un mannequin cuirassé et armé.

RAIMOND.

Tenez, distribuez-vous ces armes... Elles sont antiques,
mais on peut encore en faire un bon usage.

AIR : *Du château perdu.*

C'était jadis l'attribut d'la noblesse,
Ces glaiv' pesans, ces lanc', ces boucliers;
Pour opprimer et frapper la faiblesse,
Ils armaient l'bras de ces preux chevaliess.
Saisissez-les : par vot' patriotisme,
Que leur honneur soit réhabilité;
Et que du moins le fer du despotisme
En ce beau jour serve la liberté.

(On reprend en chœur les deux derniers vers.)

Enfans! songez que mon Julien, mon fils, votre camarade
a été blessé hier, il a donné son sang pour la bonne cause...
Vous jurez tous d'en faire autant?

TOUS.

Oui! nous vengerons Julien.

RAIMOND.

Ce n'est pas lui qu'il faut venger.

TOUS.

Qui donc?

RAIMOND.

La France! qu'une poignée de misérables veut condamner
à l'esclavage.

PRUNEAU.

A moi! à moi la cuirasse.

COLOMBON.

Qu'est-ce que tu veux faire de cette cuirasse?

PRUNEAU.

Je veux la mettre, donc!

Air : *Je loge au quatrième étage.*

Laiss' moi z'empoigner la cuirasse,
J'ai c'qu'il faut pour êt' cuirassier ;
Attends un instant que je l'passe
Ce gilet d'flanelle en acier ;
J'vas avoir l'air d'un vieux troupier.

COLOMBON.

Donn'-moi la moitié d'ta machine,
Ell' peut servir à deux héros,
Il suffit d'couvrir sa poitrine ;
Aucun d'nous n'veut leur montrer l'dos.

(Place devant lui une partie de la cuirasse. Colombon en fait autant de l'autre moitié.)

SCÈNE VI.

LES MÊMES, LOUISE.

LOUISE.

Mon père ! mon père ! enfin je vous revois.

RAIMOND.

Ma fille ! que viens-tu faire ici ? au milieu du danger.

LOUISE.

Mon père ! je sais à quoi je m'expose... mais rien n'a pu m'arrêter ; moi aussi j'ai un cœur français... Vous n'osez pas m'interroger... Il va mieux.

RAIMOND, avec joie.

Embrasse-moi !

LOUISE.

J'ai passé la nuit à ses côtés : vous savez ? ce drapeau que vous portiez autrefois ?

RAIMOND.

Eh bien !

LOUISE.

J'étais bien jeune alors, mais je m'en souviens cependant... pour vous mettre à l'abri du danger, ma mère avait divisé ses couleurs, moi, cette nuit...

RAIMOND.

O ma fille ! que veux-tu dire ?..

LOUISE.

Venez! monsieur Adolphe!

SCÈNE VII.

LES MÊMES; ADOLPHE, portant le drapeau tricolore; PLUSIEURS HOMMES DU PEUPLE.

ADOLPHE.

Mes amis! voilà désormais les couleurs nationales.

TOUS.

Vivent les couleurs nationales!

LOUISE.

Air: *Elle aime à rire, elle aime à boire.*

Pendant la nuit, près de mon frère,
J'ai, pour l'offrir à vos regards,
Rassemblé les lambeaux épars
De cette éclatante bannière.
S'il vous vit jadis triomphans,
Il reparait: prenez courage!
C'est l'arc-en-ciel après l'orage: } *Reprise en chœur.*
Il vient annoncer le beau temps. }

RAIMOND.

Toi, qui brillais à mon aurore,
Drapeau d'Jemmappe et d'Austerlitz!
Que tes souvenirs soient bénis!
A mon déclin j'te r'vois encore!
A genoux, à genoux, enfans!

(Tout le monde se met à genoux et se découvre.)

Dieu soutienne notre courage!
C'est l'arc-en-ciel après l'orage, } *Reprise en chœur.*
Il vient annoncer le beau temps. }

UNE VOIX.

Les suisses! les suisses!

TOUT LE MONDE, se relevant.

Les suisses!

RAIMOND.

Air: *Au galop! au galop!*

Mes amis! mes amis!

D'la prudenc', point de cris !
En silence
Que chacun s'avance.
Mes amis ! mes amis !
D'la prudenc', point de cris !
En avant ! enfans de Paris !

(On entend le tambour pendant ce couplet.)

Les p'tits derrier' les grands !
A droit', serrez les rangs ;
Et quand l'un d'nous tomb'ra,
L'aut' le remplacera !

EN CHŒUR.

Mes amis, etc.

(On entend la fusillade qui commence. Ils portent tous sous le commandement de Raimond et d'Adolphe.)

SCÈNE VIII.

ATKINSON.

Je avais tout perdu : mon portefeuille et mon bourse d'or...
Le peuple il me aura tout ramassé. Dans le trouble, j'avais
laissé tomber... J'étais ruiné pour toujours.... Que vois-je ?
Mon portefeuille et mon or aussi... (*Pendant tout ce mono-
logue, on entend le bruit de la fusillade derrière la scène.*)
Ils n'avaient pris que les armes!.. O grande peuple! ô grande
ñation !

Air de Caleb.

Oui, je t'admire, ô peuple magnanime,
Victorieux, mais calme, mais humain :
Ta force est grande, et pourtant d'aucun crime,
D'aucun excès tu ne souilles ta main.
Braves Français qu'des préjugés gothiques
Ne croyaient pas dign's de la liberté !
Ah ! vous avez tout's les vertus civiques,
Amour des lois, courage et probité.

(Il ramasse son portefeuille et sa bourse qu'il avait laissé tomber au moment où il a apporté des armes avec Raimond.)

SCÈNE IX.

COLOMBON, PRUNEAU, MERLIN, CHOEUR.

(On amène Colombon monté sur une pièce de canon, l'orchestre joue : La victoire est
à nous)

TOUT LE MONDE.

Honneur à Colombon, qui a pris une pièce de canon!

COLOMBON.

Oui! mes amis! honneur à moi, Jean Colombon, bâtoniste
et pas faignant! j'ai pris la pièce c'est vrai, c'est beau, c'est
superbe, je veux bien, puisque vous le dites; je suis un héros, pas plus. Mais vous, vous avez pris le caisson, c'est encore plus comique.

AIR : *Tra la la.*

Mon bâton (*bis*),
C'est à toi que j' dois mon r'nom!
Mon bâton (*bis*),
V'là les arm's de ma maison.
J'ai pris un' pièce de canon,
Vous avez pincé l' caisson :
Dans vot' caisson y a pas mal
De fourrag' pour mon cheval.
Mon bâton, etc.

Sur le nez, j'sais des gaillards
Qu' enlèv'nt des pièces de six liards;
Moi, bien mieux, rien qu'au bâton,
J'enlèv' des pièc's de canon.
Mon bâton,
Mon bâton,
C'est à toi que j' dois mon r'nom!
Mon bâton,
V'là les arm's de ma maison.

TOUT LE MONDE.

Vive Colombon!

COLOMBON.

Oui! vive moi! il n'y a pas de mal, je ne demande pas
mieux. Mais avant tout : Vive la charte! vive la liberté!

TOUS.

Vive la liberté !

SCÈNE X.

LES MÊMES; RAIMOND, puis ADOLPHE.

RAIMOND, arrivant.

Amis, ce n'est pas assez de cette victoire... en ce moment,
un combat affreux se livre devant l'Hôtel-de-Ville...

COLOMBON.

Toute l'ouvrage n'est pas faite! allons y avec ma musique?

ADOLPHE.

AIR de la Parisienne.

Enfans, une troupe servile
De sang veut inonder Paris.
On massacre à l'Hôtel-de-Ville
Et nos frères et nos amis.
Ah! sous ses poudreuses arcades,
De l'ennemi bravons les fusillades,
En avant, marchons !
Prenons
Leurs canons.
A travers le fer, le feu des bataillons,
Vengeons nos camarades!

(Ils défilent en chantant en chœur, et emportent Colombon sur la pièce
de canon.)

FIN DE LA DEUXIÈME JOURNÉE.

TROISIÈME JOURNÉE.

Le théâtre représente la rue; à droite, la maison de Raimond; au fond, des barricades composées de pavés et de tonneaux, parmi lesquels on distingue celui dans lequel Caffardin s'est caché.

SCÈNE PREMIÈRE.

MERLIN, coiffé d'un czapka de lancier; PRUNEAU, coiffé d'un casque antique.

MERLIN.

Par ici, camarade!

PRUNEAU.

Attends donc! boulanger avec ses satanées barricades faut sauter comme des chèvres! nous v'là à la porte du père Raimond, un ancien qui est encore bon là... nous pouvons nous asseoir... as-tu quelque chose à manger?

MERLIN.

J'ai rien du tout... ah! si fait.

PRUNEAU.

Qu'est-ce que t'as?

MERLIN.

J'ai le ventre creux.

PRUNEAU.

T'es donc farceur, toi... eh! Patronet? Eh bien! j'ai quelque chose, moi! nous allons partager. (*Ils s'asseyent sur la barricade.*)

MERLIN.

Je veux bien, car j'ai pas démarré de la Grève, et n'y avait pas grand'chose à manger par là. Il n'y a que les canonniers qui nous envoyaient des pruneaux pas cuits...

3

PRUNEAU.

Et t'as rien attrapé, toi?

MERLIN.

Pas un chat...

PRUNEAU.

T'as eu du bonheur... et t'as pas eu peur?

MERLIN.

Moi? peur? moi François Merlin?.. peur?

Air : du Code et l'Amour.

Pour le courage, à moi la pomme!
Le hasard, qui fait les héros
M'a taillé pour être un grand homme...

PRUNEAU.

Grand! c'est possible, mais pas gros!

MERLIN.

J'n'ai pas peur, mêm' quand on m'ajuste!
Car tu conviendras, mon cadet,
Qu'faudrait viser diablement juste
Pour me mettre un ball' dans l'mollet.

PRUNEAU.

Aimes-tu les pommes de terre brûlées, toi?

MERLIN.

Qu'est-ce que c'est que ça?

PRUNEAU.

Tiens! en v'là, j'en ai plein ma poche.

MERLIN.

Çà? mais c'est des truffes!

PRUNEAU.

C'est ça des truffes?

MERLIN.

En nature, en pure nature.

PRUNEAU.

C'est ce légume-là qui a fait tant de mal à la nation... je veux pas que tu en manges.

(Il les lui retire.)

MERLIN, retenant les truffes.

Dis donc! dis donc! je ne suis pas du côté droit, moi, j'ai le ventre creux, fais donc attention.... et où donc que t'as eu ça...,

PRUNEAU.

Ah! je te vas dire: hier, je m'en fus à l'Hôtel-de-Ville avec le père Raimond et les autres, quand j'ai vu qu'il y avait assez de monde pour faire le service, je m'en suis été avec Colombon, droit à l'archevêché qui est la caserne des jésuites, là où se tient l'état-major des grugeurs,... car vois-tu? nous avions notre estomac qui battait la générale; nous ne sommes pas comme la France, nous, la restauration ne nous aurait pas nui.

MERLIN, tout en mangeant.

Je saisis parfaitement le calembourg que tu viens d'établir.

PRUNEAU.

Air : de Marianne.

Pour tâcher de prendre un potage,
Nous marchons sur l'archevêché;
Voilà qu'nous entrons dans la cage,
Mais le merle était déniché.
Nous cherchons bien...
Nous n'trouvons rien,
J'avais toujours un appétit de chien.
D'l'argent, faut voir,
Plein un tiroir,
Mais c'est pas ça que nous voulions avoir.
Faut jamais flétrir son service,
Aussi, tout ça fut respecté;
Aux chanoin's j'n'ai rien emporté
Qu'un d'leurs bonnets d'police.

(Il tire de sa poche un bonnet de tulle, garni de roses, et le montre à Merlin.)

MERLIN.

Çà chez les chanoines!... oh! les farceurs...

PRUNEAU.

Alors, moi, je cherchais toujours à trouver du solide; j'ai déniché un dindon... une pièce superbe, deux fois gros comme tu pourrais être.... Colombon était descendu à la cave; il ne s'embêtait pas lui, le tonnelier; et il nous a remonté d'un vin... très-fameux à ce qu'il a dit.

MERLIN.

T'en as pas bu?

PRUNEAU.

Pas une goutte, parce que je bats la breloque facilement.
Nous avons chiqué le dindon et j'ai mis les truffes dans ma
poche, dont je te nourris actuellement...

MERLIN.

Et que tu as eu une bonne idée!...

PRUNEAU.

V'là un quelqu'un qui sort de chez le père Raimond...
Tiens! c'est Julien! ah! ce brave garçon : il va mieux... il n'y
a pas de mal.

SCÈNE II.

LES MÊMES, JULIEN.

JULIEN, s'appuyant sur son fusil.

Bonjour! mes amis!

PRUNEAU.

Comment ça va-t-il?

JULIEN.

Mieux... Merci, mes amis... Dites-moi! la fusillade était du
côté du Pont-au-Change ou de l'Hôtel-de-Ville.

MERLIN.

Oui, oui, ça chauffait par là...

JULIEN.

Encore des victimes!.. et mon père qui n'est pas rentré!
et ma sœur qui est allée à sa recherche,... et mon frère...ah!
il m'aurait été impossible de rester au lit... mais je souffre...
ce maudit coup de feu... Mais n'entends-je pas sa voix? oui,
c'est lui.

(Il se jette dans les bras de Raimond.)

SCÈNE III.

JULIEN, RAIMOND, ATKINSON, MERLIN, PRUNEAU.

RAIMOND.

Mon Julien!... te voilà levé?

JULIEN.

Oui, oui, ma blessure n'est rien... mais vous?...

RAIMOND.

Je n'ai rien, grâce à Dieu! et à ce digne Anglais qui m'a secouru...

JULIEN.

Ah! monsieur! votre générosité....

ATKINSON.

J'avais fait mon devoir... je pouvais pas arriver à l'hôtel Meurice... où m'attendait Milady venue à Paris le mois dernier. J'étais me battre avec les autres... c'était absolument le même chose; et même j'étais encore plus content : oh! oui! j'étais très-satisfait.... le peuple parisien il avait acquis beaucoup dans l'estime du monde entier pour son belle conduite avec les piques, les bâtons et les broches...

RAIMOND.

Oui, sans doute, mais depuis deux jours combien de familles en deuil!.. voyez... mon Julien blessé... l'autre peut-être...

ATKINSON.

Oh! j'avais bien prévu le résultat... le souverain qu'il s'occupait beaucoup plus de la chasse que des affaires, il finissait toujours mal. En Angleterre on le dit depuis long-temps.

Air : *Du baiser au porteur.*

Dans les bois tout le temps qu'il passe
Est perdu pour votre bonheur,
Ce prince il aime trop la chasse,
Je n'aime pas un roi chasseur,
Cet exercice endurcit trop le cœur;

Verser le sang avec indifférence,
Vous voyez où cela conduit!
C'est par le gibier qu'on commence;
C'est par le peuple qu'on finit.

SCÈNE IV.

LES MÊMES, COLOMBON, ET PLUSIEURS HOMMES DU PEUPLE.

COLOMBON.

Nous voilà, nous voilà! père Raimond, n'ayez pas peur,
ça va bien!... Vive la charte! vive la liberté! les Suisses ont
battu en retraite et plus vite que ça... Ah! dame! nous en
avons perdu de ce pauvre monde; heureusement que nous
leur avons bien rendu le réciproque... Si mon bâton pouvait
parler, vous verriez!...

RAIMOND.

Oui! tu t'es conduit comme un brave garçon; mais dis-moi
donc ce qui s'est passé de ton côté.

COLOMBON.

Père Raimond! vous savez bien quand nous conduîmes
ma pièce de canon à l'Hôtel-de-Ville.

RAIMOND.

Eh bien! je sais bien, j'y étais.

COLOMBON.

Moi et les camarades, nous nous dirigèrent sur l'archevêché qui est un fameux endroit pour le bon vin et autres agré-
mens, et ça nous a refaits un peu, car il y avait 36 heures que
nous n'avions mangé... C'est long 36 heures, père Raimond,
quand on n'a pas l'habitude de cette chose là et qu'on n'en
fait pas son état; car enfin, n'est-ce pas? je suis tonnelier de
profession, si je prends des canons, c'est par goût; mais c'est
pas ma partie... (A part). Mon Dieu! mon Dieu! comment lui
dire que son fils Antoine n'ose pas se présenter devant lui?
(haut) Père Raimond! il y a une chose qui m'offusque au milieu de tout ça... Depuis deux jours, n'est-ce pas? nous nous

sommes brossés, comme de bons garçons.... nous n'avons pas trouvé les adversaires sur quoi nous comptions.

Air : *Du premier prix.*

C'brav' rédacteur de la Gazette
Qui, d'puis un an charg' son fusil,
Et qui, chaque jour nous répète :
Nous s'rons là le jour du péril !
Oui! qu'du combat l'signal s'donne,
Et gare à vous, gens du commun!...
Nous paierons tous de not' personne!....

(*Changeant de ton.*)

On n'en a pas vu la queue d'un.

PRUNEAU.

Oui, faites-moi le plaisir de me dire ous qu'ils étaient.

RAIMOND.

Cela ne doit pas te surprendre : les misérables capables d'attiser le feu de la guerre civile doivent être aussi lâches que perfides.

COLOMBON.

C'est vrai, père Raimond; ce sont ces gens là qui ont armé le fils contre le père, le frère contre le frère... aussi, ne faut pas en vouloir aux malheureux qui ont été trompés : est-ce pas, père Raimond, que si vous revoyiez là votre fils Antoine, vous l'embrasseriez de bon cœur?

RAIMOND.

Antoine! ne prononce jamais ce nom devant moi. Il a déshonoré son uniforme en tirant sur ses concitoyens, je ne l'aurais jamais fait.

COLOMBON.

Père Raimond, dans le temps que vous serviez c'était pas du tout la même chose, dans ce temps là le soldat n'allait pas à confesse à raison de 40 sous par tête comme à présent... le soldat était parpayot, et il ne tirait que sur l'ennemi... on a changé tout ça...... Votre fils a son colonel, n'est-ce pas?... suivez bien la question.... ce chef est un chouan (une supposition) c'est pas sa faute, à votre fils, c'est pas lui qui a choisi son officier. Pour lors, ce chouan, il dit tout bas en lui-même : Oh! oh! minute! si je ne sais pas tirer sur ces gens là, ils vont encore me renvoyer à Coblentz, à Gand, ou

autres lieux où nous avons déjà logé et où c'qu'on n'est pas si
avantageusement nourri qu'à Paris; alors, il dit : Feu! le pauvre diable de soldat tire... le chouan est content et le soldat est
vexé de ce qu'il a fait... Voilà... et vous auriez le cœur de le
chasser?.. de ne plus le revoir?...

RAIMOND.

Laissez-moi.

LOUISE.

Mon père! il avait reçu des ordres.

RAIMOND, avec indignation.

Des ordres !!!

AIR : *Un page aimait la jeune Adèle.*

Qu'import' qu'un chef se deshonore?
C'est un exempl' qu'on n' doit pas imiter.
A Waterloo, je m'en souviens encore,
Avec un chef j'aurais pu déserter.
Quand il passa dans la ligne ennemie
Pour mendier le prix de notre sang,
Seul il emporta l'infamie,
L'honneur demeura dans le rang.

(On entend des coups de feu.)

RAIMOND.

Encore du bruit! aux armes! mes enfans! à la barricade...
rentre, ma fille!.. ne t'expose pas.

LOUISE.

O mon Dieu! quand tout cela finira-t-il?

SCÈNE V.

LES MÊMES, ADOLPHE, au haut de la barricade, PEUPLE.

ADOLPHE.

Victoire! victoire! amis! la cause de la patrie est gagnée...
l'armée et le peuple ont fraternisé... les Tuileries sont à nous...
le Louvre est pris; les traîtres sont en déroute...

RAIMOND.

Et mon drapeau?

ADOLPHE.

Le drapeau de Marengo et d'Austerlitz!... il est à sa place :
flotte sur la colonne : Vive la liberté!

TOUS.

Vive la liberté!

ADOLPHE.

Dans ce moment, on organise le gouvernement provisoire... Lafayette s'est mis à la tête de la garde nationale parisienne.

RAIMOND.

Lafayette!.. nous sommes sauvés... mais comment? en trois jours, nous aurions reconquis une liberté pour laquelle nous luttons depuis 40 ans... cela se peut-il?... n'est-ce point un rêve?..

ADOLPHE.

Non, monsieur Raimond! non! c'est une réalité...

RAIMOND.

Mais à qui donc devons-nous le bienfait de ces grandes journées?

ADOLPHE.

A la bravoure du peuple, au courage, à l'intrépidité des enfans de Paris......

ATKINSON.

Oui! grande nation!... je l'ai dit! le monde entier et surtout l'Angleterre répètera aussi comme moi! Grande nation!

PRUNEAU.

Oui! mais vous ne dites pas tout! nous nous avons battus, c'est vrai; mais ce brave jeune homme là, c'est lui qui nous prêchait d'exemple... c'est lui qui nous a aidés à prendre le Louvre! *(Embrassant Adolphe avec force.)* O brave Ecole polytechnique!.... Va, il y a de bons enfans là-dedans. Vive l'Ecole polytechnique!

TOUS.

Vive l'École polytechnique!

ADOLPHE.

Ah! mes amis, si je suis fier de ce témoignage d'estime, c'est pour la noble Ecole à laquelle j'ai l'honneur d'appartenir : son appui ne pouvait faillir à la cause nationale. Mais dans nos rangs n'avez-vous pas remarqué d'intrépides jeunes gens qui ont aussi bien mérité de la patrie? Ceux-là, mes amis, ce sont les élèves des Ecoles de droit et de médecine, de l'Ecole des beaux-arts. Honneur, honneur à eux!

TOUS.

Honneur, honneur aux Ecoles !

PRUNEAU.

Ah! c'est vrai...; encore de fameux lapins, ceux-là !

ADOLPHE.

AIR : *J'en guette un petit de mon âge.*
Ils ont des droits à la reconnaissance,
Car dans ces jours de gloire et de douleur,
Toutes les écoles de France
Ont rivalisé de valeur.
O mon pays il faut qu'on t'en informe!
Quel sang, quels soins n'ont-ils pas prodigués ;
S'ils ont été moins distingués
C'est qu'ils n'avaient pas d'uniforme.

(Pendant ce couplet, Pruneau est monté sur une barricade, et, à la fin, il descend vivement en criant.)

PRUNEAU.

Oh, eh! dites donc, v'là l'général La Fayette qui vient par ici.... Il est à pied comme un simple particulier, comme un homme ordinaire.

ADOLPHE.

Allons au-devant de lui.

(Adolphe sort avec quelques hommes.)

RAIMOND, *montrant la droite.*

Amis, c'est par-là qu'il vient; enlevons, enlevons les barricades... Plus d'obstacles sur le chemin de la liberté!

TOUS.

Vive le général La Fayette!

(On enlève les barricades; on amène sur le devant de la scène plusieurs tonneaux, parmi lesquels se trouve celui où est caché Caffardin.)

COLOMBON.

Dites donc, en v'là un où il y a quelqu'un.

CAFFARDIN, *sortant du tonneau.*

Vive la liberté !

RAIMOND.

M. Caffardin.

CAFFARDIN.

Vive la liberté !

RAIMOND.

Oui, vive la liberté qui va faire rentrer dans le néant les tartuffes, les jésuites, les lâches et les déserteurs.

CAFFARDIN.

Au fait, mes amis... Il y a assez long-temps qu'on nous opprimait.

RAIMOND, à part.

Les misérables! voilà comme ils sont tous. (Haut.) Et pourquoi donc avoir attendu jusqu'à présent pour défendre cette cause?

CAFFARDIN.

Eh! mon ami, que vouliez-vous que je fisse?

AIR : *Restez, restez, troupe jolie.*

Malgré mon ardeur héroïque
Dans c' tonneau, je n'voyais pas clair,
Et puis j'étais dans cett' barique
La tête en bas, les pieds en l'air.

RAIMOND.

C'est un avertiss'ment céleste;
Oui, le ciel est enfin pour nous,
Puisque la victoire nous reste,
Et qu'les jésuit's sont sans d'sus d'ssous.

CAFFARDIN, d'un air sentimental.

Ce bon La Fayette!... quels souvenirs ça me rappelle! Il y a pourtant quarante ans!

RAIMOND, furieux.

Vous me faites souffrir.... Allez-vous-en, allez-vous-en, misérable!

CAFFARDIN.

Moi?

RAIMOND.

Oui, c'est vous, ce sont vos pareils qui ont fait couler le sang de nos enfans...

TOUT LE MONDE.

A bas, à bas les jésuites!

CAFFARDIN, sortant, hué par la foule.

Vive la liberté!

SCÈNE VI.

TOUT LE MONDE, excepté CAFFARDIN.

RAIMOND.

Amis, vous n'avez pas ma vieille expérience. Voilà les hommes dont il faut encore nous défier, car tous les moyens leur sont bons pour ressaisir leurs places. Je suis sûr qu'il prend déjà le chemin du gouvernement provisoire. Ils sont si rampans ces hommes de la congrégation.

COLOMBON.

Père Raimond, faut espérer que ça n'arrivera pas.... On sait bien que ces gens-là cherchent toujours à s'insinuer... Je vas vous dire un moyen d'empêcher ça... Me v'là, moi et tous les amis. C'est le peuple, n'est-ce pas? Vous, père Raimond, vous êtes l'armée, censé; vous, monsieur Adolphe, vous êtes la partie instruite de la nation, censé. Eh bien! serrons-nous tous ensemble, soyons bien unis; là, comme ça.... *(Ils se donnent tous le bras)*, A présent, je défie aux jésuites de pénétrer, d'autant plus que je suis là..., et que j'ai mon bâton.

VAUDEVILLE FINAL.

COLOMBON.

AIR : *Gai, gai, mariez-vous.*

Non, non, donnons-nous l'bras,
　　Qu' notr' alliance
　　　Sauv' la France;
Non, non, donnons-nous l'bras
Les Jésuit's ne r'viendront pas.

EN CHŒUR.

Non, non, etc....

COLOMBON.

Après nos glorieux travaux,
S'ils revenaient, ces transfuges,
Nous aurions au lieu de juges
Des prévôts et des bourreaux?
Non, non, donnons-nous l'bras !

Qu'on bénisse
La justice;
Non, non, donnons-nous l'bras!
Les prévôts ne r'viendront pas.

EN CHŒUR.

Non, non, etc.

RAIMOND.

Nous r'venions ces noirs Judas
Envahir les ministères
Et doter les séminaires
Aux dépens d'nos vieux soldats?
Non, non, donnons-nous l'bras!
Plus d'ces ministres
Sinistres!
Non, non, donnons-nous l'bras!
Les traîtres ne r'viendront pas.

EN CHŒUR.

Non, non, etc.

LE GARDE NATIONAL.

Quoi! nous r'verrions désormais
Ces gendarm's patibulaires
Dont les sabres mercénaires
N'ont versé qu'du sang français?
Non, non, donnons nous l'bras!
Vils gendarmes!
Bas les armes!
Non, non, donnons-nous l'bras!
Les gendarm's ne r'viendront pas.

EN CHŒUR.

Non, non, etc.

ATKINSON.

Pour chaqu' croyanc' plus d'tracas,
Et la procession qui passe
Ne forc'ra plus sur la place
Le Juif à mettr' chapeau bas.
Non, non, donnez-vous l'bras,
Qu'la tolérance
Règne en France;
Non, non, donnez-vous l'bras!
Les tartuffs ne r'viendront pas.

EN CHŒUR.

Non, non, etc.

APOLPHE.

Plus de censeurs infernaux,
Gendarmes de la pensée,
Que leur horde soit chassée!
Plus d'baillons pour les journaux.
Non, non, donnons-nous l'bras,
    L'imprim'rie
    Est affranchie;
Non, non, donnons-nous l'bras
Les censeurs ne r'viendront pas.

EN CHŒUR.

Non, non, etc.

L'APPRENTI

Aux sottis's du spirituel
La raison va mett' des bornes,
Et les frères à trois cornes,
N'enfonc'ront plus l'mutuel.
Non, non, donnons-nous l'bras,
    Plus d'férule
    Ridicule,
Non, non, donnons-nous l'bras!
Les fouetteurs ne r'viendront pas.

EN CHŒUR.

Non, non, etc.

UN JEUNE BOURGEOIS.

Gens dé la congrégation,
Dans vot' systèm' déplorable,
Molièr' s'rait un misérable?
Talma s'rait un histrion?
Non, non, donnons-nous l'bras!
    Qu'on les traîne
    Sur la scène!
Non, non, donnons-nous l'bras!
Les Boudet ne r'viendront pas.

EN CHŒUR.

Non, non, etc.

LOUISE.

Chansonniers d'tous les partis!
Fidèl's à votre principe,
Chant'rez-vous la Saint-Philippe,

Vous qui chantiez la Saint-Louis?
Non, non, donnons-nous l'bras!
   Plus d'hommage
   A tant la page.
Non, non, donnons-nous l'bras?
Les girouett's ne reviendront pas.

EN CHŒUR.

Non, non, etc.

PRUNEAU.

[Si l'trôn' courait quelqu'danger,
Le défend' c'est nous qu'ça regarde;
Nous somm's sa meilleure garde,
Plus d'uniforme étranger.
Non, non, donnons-nous l'bras,
   Qu'on les berne
   Jusqu'à Berne!
Non, non, donnons-nous l'bras!
Non! les Suiss's ne reviendront pas.

EN CHŒUR.

Non, non, etc.

JULIEN.

Amis, partout j'ai couru,
Je n'ai pas vu d'robe noire;
Depuis que l'coq chant' victoire,
Les dindons ont disparu.
Bon, bon, donnons-nous l'bras,
   Qu'on les escorte
   A la porte!
Bon! bon! donnons-nous l'bras!,
Les dindons ne r'viendront pas.

EN CHŒUR.

Non, non, etc.

FIN.

www.ingramcontent.com/pod-product-compliance
Lightning Source LLC
LaVergne TN
LVHW022204080426
835511LV00008B/1559